悠久の流れ 簸の川

神々の国 出雲

ゆうきゅうのながれ
ひのかわ

Eternal flow, "Hinokawa" River. The Land of the Gods, Izumo.
Photo Book "Hiikawa"

『悠久の流れ簸の川』の刊行によせて

荒神谷博物館長　藤岡　大拙

　出雲のナイル、母なる大河と言われる斐伊川は、日本書紀では簸の川と記されている。中国山地の仁多郡船通山の麓に源を発し、出雲国を南東から北西によぎって宍道湖に流入する。近世初頭までは、西流して日本海の大社湾に注いでいたが、清らかな水面に悠久の歴史を湛えて流れ続けている点は、昔も今も変わらない。

　簸の川の川上から中流にかけては、ヤマタノオロチ退治ゆかりの地であり、下流域は国引きや国譲り神話の舞台となった。まさに神話の川である。

　そして流域の住民にとっては、生活の糧を与えてくれる大切な川でもあった。出雲国風土記には、この川の流域五郡の人々は、川のお蔭で暮らしていると記している。上流では砂鉄を採り、鉄を鋳だして様々な道具を作った。中下流では、この川が造成した豊沃な沖積平野で、農業生産にいそしんだ。かくして、簸の川は神話をはぐくみ、産業や生活文化をそだててきた。

　神話の国出雲は多くの神々の在（いま）す国でもある。風土記によると、奈良時代には三九九もの神社があったという。その神社群は、出雲大社、熊野大社をはじめ、村の鎮守のお社に至るまで、連綿として現存しているのである。そして、神話にちなんだ祭り、豊年豊漁を感謝する祭りなど、たくさんの宗教行事が伝えられ、出雲文化の特徴の一つとなっている。

　出雲は穏やかで美しい空間につつまれ、古代から伝えられた歴史や文化に彩られている。出雲の人々はそんな雰囲気（「気」）の中で暮らし続けてきた。

　植田英夫さんは私と同様、出雲平野のど真ん中で生まれ育った生粋の出雲人である。現在は関東に住んで居られるが、出雲人特有の感性は、微塵も失われていない。本書の写真を見れば、そのことは一目瞭然である。古代出雲のさまざまな「気」が、千数百年の時空を超えて現代に生きている。その「気」を可視的に捉えるには、古代出雲との共鳴共振が必要であり、それを可能にするのは出雲人的感性がベストである。

　神々の国出雲を表現するには、植田さんのカメラアイが最適であろう。

Greetings on the occasion of publication of "Eternal Flow, Hinokawa River"

Hiikawa River, also known as the Nile of Izumo or the mother river, is described as Hinokawa River in Nihon Shoki. The river begins from the foot of Mt. Sentsu in Nita County, crosses the Izumo province from southeast to northwest, and flows into Lake Shinji. Until the early modern era, the river had flowed into the Taisha Gulf of the Sea of Japan. However, the river has been flowing with being filled with the long history.

From the upper to the middle reach of Hinokawa is the place associated with the legend of Yamata-no-Orochi. The Kunibiki myth and Kuniyuzuri myth were set in the lower reach of the river. This is indeed the river of myth.

Furthermore, Hinokawa River has been the important river which has been given bread and butter for people. The people who lived around the river said in the Izumo Fudoki that they were living thanks to the Hinokawa River. People took iron sand and cast iron to make various tools on the upper reach. And people farmed in well-fertilized alluvial plain on the middle and lower reaches. Thus Hinokawa River has made myths and grown industry, culture and people's life.

Izumo is a famous place where a lot of deities exist. According to the Fudoki, there were 399 shrines in Nara period. Those group of shrines, from big shrines such as Izumo Taisha Grand Shrine or Kumano Taisha Shrine to village tutelary shrines, still exist now. Various religious events, such as festivals associated with myths or to thank the huge harvest and good catch, are the one of the characteristics of the culture of Izumo.

Izumo is surrounded by calm and beautiful spaces, and decorated with ancient history and cultures. People of Izumo have been living in such atmosphere.

Hideo Ueda is a true Izumo people who grown in the center of Izumo Plain, the same as me. Although he lives in Kanto region now, his unique sense of Izumo people has never disappeared. This is quite obvious as taking a look at a picture of this photobook. Various atmosphere of ancient Izumo have been still living now. To visualize the atmosphere, sympathizing with ancient Izumo is necessary. To make it possible, the sense of Izumo people is the best.

To express Izumo, the country of deities, the sight of Mr. Ueda's camera is the best.

Director of Archaeological Museum of Kojindani　Daisetsu Fujioka

まえがき

写真・著　植田　英夫

　古事記・日本書紀並びに出雲国風土記に記載されている出雲神話は、戦後の教育改革により、歴史教科書から消え去って、単なる架空話として扱われるようになった。ところが、1984年出雲市斐川町神庭で大量の銅剣、銅鐸、銅矛が発掘され、歴史学上、考古学史上一大センセーショナルな出来事として世間の注目を浴びた。約2,000年前に既に出雲王朝ないし出雲豪族の一大勢力が存在したと云われるようになった。しかしながら、戦後教育を受けた国民はこの出雲神話についてほとんど知らないのが実情である。ましてや、戦後の科学的検証は一貫して物証を基本としている関係上、神話自体を架空の物語としか考えていなかった。古事記は稗田阿礼の口伝に基づいて、太安万侶が編纂したと伝えられている。これ以前の時代は文字が普及しておらず、事実や年代を記録に留めることは困難であった時代に口伝が有力な情報伝達手段であったと思われる。従って、筆者はこの口伝が多少なりとも比喩や誇張はあるものの、大半は見聞に基づき編纂されているものと信じて、出雲神話を事実に近い物語として取り上げることにした。

　出雲の人々は素戔嗚尊（スサノオノミコト）、大国主命（オオクニヌシノミコト）に代表される神様を崇拝し、常に神聖な気持ちで神社に参拝して日々の心を洗い清めているので、現在も出雲人の心は神様（出雲では神さんと呼ぶ）と共に歩み、生活に溶け込んでいていると信じている。

　八雲立つ出雲の原風景、神話を継承する寺院・神社の祭事、古代に始まり中世に確立された"たたら製鉄"、および古代出雲の伝統文化・伝統芸能は悠久の流れに沿って今もなお脈々継承されている。これらの人々に光を当てて、古代出雲文化が現在も生き続けている姿を捉えて写真集にまとめ、広く世に紹介したいと思っている。

目次 INDEX

5	第1章 古代出雲王国
11	第2章 斐伊川の流れと八雲立つ出雲の原風景
49	第3章 古代出雲寺院・神社と祭祀
113	第4章 出雲の鉄文化たたら製鉄
135	第5章 出雲の伝統工芸師
151	第6章 出雲伝統芸能

第1章

古代出雲王国

　出雲とは島根県に出雲と石見があった時代の出雲を意味する。

　出雲の始まりは古事記に出てくる八束水臣津野命（ヤツカミズオミツノノミコト）による国引き神話に登場する。その後、出雲の国造りは素戔嗚命が八岐大蛇を退治した後、日本で最初に国造りを始め、その後大国主命によって国造りが完成し強大な国になったと古事記・日本書紀から窺われる。

　時代背景は大陸から稲作文化が入った弥生時代の話であろう。荒神谷遺跡と加茂岩倉遺跡から大量の銅剣、銅鐸、銅矛が発掘された。これは出雲勢力を誇る豪族がいた証とされている。更に、西谷墳墓群は弥生時代終わりごろとされる四隅突出型墳丘墓で、代々の出雲王が葬られたと云われ、古代出雲の華々しい時代が想像できる。

　出雲は天孫降臨に先立って、数々の神話が登場する。それを現代でも伝え表現しているのが各神社の祭事であり、出雲神楽である。

斐川三山
この山を挟んで手前（北側）に荒神谷遺跡が、反対側（南側）に加茂岩倉遺跡がある。
両遺跡は直線距離にして3.42kmの至近距離にある。

荒神谷遺跡
古代出雲王族が祭器として使用したと云われる銅剣・銅矛・銅鐸が埋蔵されていた。
この地区は古くから神々の庭・神庭と呼ばれ、地名も出雲市斐川町神庭。

| 国宝 | 荒神谷　銅剣、銅矛、銅鐸「国（文化庁所轄）」
島根県立古代出雲歴史博物館展示 |

1984年（昭和59年）、銅剣（どうけん）358本が出土し、翌1985年には銅鐸（どうたく）6個と銅矛（どうほこ）16本が出土した。
〈上〉銅剣　〈左〉銅矛16本　〈右2枚〉銅鐸

**荒神谷遺跡の
環境保護活動**

〈上・左〉近隣の子供たちに
よる古代米の田植風景。
〈下〉遺跡に隣接した池に古
代蓮が植えてある。

国宝 加茂岩倉　銅鐸「国（文化庁所轄）」
島根県立古代出雲歴史博物館展示

加茂岩倉遺跡は1996年（平成8年）10月14日に多数の銅鐸が発見された。約45cm大のものが20個、約30cm大のものが19個、計39個出土した。その特徴はシカ、トンボ、イノシシ、カメや人面が描かれていた。

弥生時代の墳墓
四隅突出型墳丘墓

出雲地方の勢力・出雲豪族〜王族がいた証と云われる。古墳時代になると、四隅突出型墳丘墓はなぜか築かれなくなります。代わって前方後円墳。その変化は、古墳時代に入り、古代出雲が徐々に勢力を拡大してきた畿内の大和政権との結びつきを強めていったと云われている。
〈左・右〉墓の四隅が吐出している、何の目的か？　謎である。

斐伊川の流れと
八雲立つ出雲の原風景

　出雲を流れる斐伊川は奥出雲町の船通山に源を発し、蛇行しながら桜並木で有名な木次町を西に流れ、この付近から徐々に川幅が広くなり、仏経山に差し掛かったところで曲がり始め、大川となって東にゆっくりと流れて宍道湖に注ぎ込む。延長153kmの一級河川である。更に、水の都松江の大橋川から中海へと流れ、やがて日本海に達する。

　古代から斐伊川上流には八岐大蛇（ヤマタノオロチ）がいると云われ、その流域にはオロチ伝説に纏わる数多くの地名が今でも点在している。この八岐大蛇と上流のたたら製鉄とは無縁ではない。砂鉄を採取する際、大量の砂が流されて下流で堆積し天井川となった。

　中世までは斐伊川は西に向かって流れ、神西湖に注がれていたが、江戸時代に入って川の流れを人工的に変えて東に向かって宍道湖に流れるようになった。洪水になると堤防が決壊し、川の流れがその都度変わって行った。斐伊川は全国でも有数の暴れ川に挙げられる。

素戔嗚尊が降臨した鳥上山

鳥上山（現船通山）は鳥取県日南町と島根県奥出雲町との県境にある標高1,142mの山である。
この山に2度登ったが、いずれも山頂は雲が多く眺望はイマイチで、伯耆大山を見ることが出来なかったが、中国山地を眼下に眺め、奥出雲の横田盆地が一望できる。山頂でカタクリの群落に会えてゆっくりと観察できた。
〈上〉鳥上山（現船通山）
〈下左・右〉鳥上山山頂のカタクリの群落。

斐伊川の源流

船通山の頂上より下ると、中腹に斐伊川の源流 鳥上滝がある。高さ10m未満か。ここから谷間を流れやがて渓流となって下ってゆく。更に下って鳥上小学校付近では川となってくる。
〈上〉鳥上滝
〈下〉鳥上小学校付近を流れる斐伊川上流。

龍頭が滝（日本の滝100選）

斐伊川水系の三刀屋川支流・滝谷川にある。上流の雄滝、下流の雌滝からなる。雄滝は落差40mの中国地方随一の名瀑であると大町桂月は云った。洞穴内部から滝を眺めると「裏見の滝」となっている。雌滝は落差30mの美しい上品な滝である。訪れる人は少ない。
〈左〉龍頭が滝　雄滝　〈上〉裏見滝
〈下〉龍頭が滝　雌滝

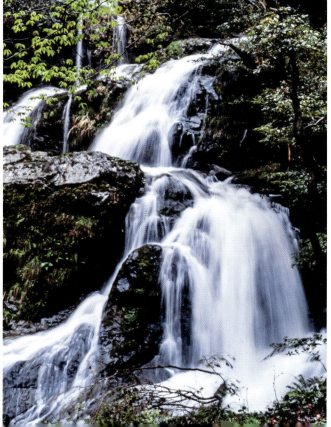

龍頭八重滝（日本の滝100選）
三刀屋川水系の支流・民谷川に連続して八つの滝がある。上流より、八汐・八塩滝（やしおだき）、姫滝、姥滝（うばだき）、河鹿滝（かじかだき）、紅葉滝、滝尻滝（たきじりだき）、猿飛滝が八重滝と呼ばれる。主滝は最上部の八汐滝・八塩滝である。落差40mの段瀑で、上部を八汐滝、下部を八塩滝と云う。
〈左〉滝尻滝　〈中〉姥滝　〈右〉八塩滝

大原新田（日本棚田100選）
砂鉄を採取する際、鉄穴（カンナ）流しで出来た棚田。

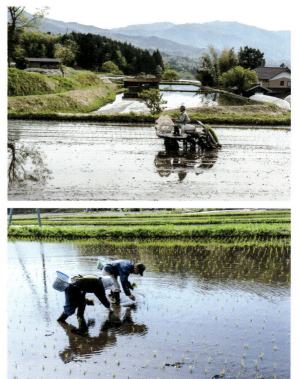

〈上〉大原新田で耕運機による代掻き作業。
〈下〉仁多米の産地　松原夫妻の田植風景。

上久野地区棚田
〈上・下〉雲南市上久野地区の野だたらの跡地からできた棚田。

山王寺棚田（日本棚田100選）

ここは、雲南市大東町の須我神社から程近い標高300メートルの山腹にある。面積は19ヘクタール、棚田枚数はおよそ200枚と云われている。夏から秋にかけて日中と夜間の気温差が激しい日には早朝靄が発生して幻想的な景観を醸し出す。晴れた夜には天の川をきれいに観ることが出来る。アマチュア天体観測には絶好の場所でもある。一方で、耕作者が減り、荒れ地もみられる。が、多くのボランティアによって支えられている。
〈上〉朝霧が立ち込める棚田。夏から秋にかけて昼夜の気温差が激しい時に霧が発生しやすいと地元の農夫は云う。
〈下〉水を張った棚田。やがて田植が始まる。

雲南市木次町を流れる斐伊川堤防の桜並木
斐伊川堤防桜並木は、「日本さくら名所百選」に認定された中国地方随一の桜の名所。全長約2km、800本の桜のトンネルが見られる。
〈上〉川を挟んで両堤防の桜並木。
〈下〉桜並木を散策する老夫婦と赤ん坊。
〈右上〉木次公園から見た木次の街並みと木次大橋。この直ぐ下流で三刀屋川と合流。

斐伊川支流の
三刀屋川沿い桜並木
〈下〉早朝の川は静かで川面は鏡のようである。満開の桜並木がこれ程鮮やかに映る光景は絶景である。

上空から見た斐伊川の流れ

中世まで斐伊川は日本海に向かって流れていたが、江戸時代になって仏経山に沿って蛇行し、宍道湖に注いだ。
〈左上〉斐伊川中流から下流に向かって蛇行する（仏教山山頂より南を望む）。
〈左下〉斐伊川中流に架かる神立橋（3本の橋の中央。仏経山中腹にある3本木公園より望む。
〈右上〉JALより簸川平野（現出雲平野）を望む（手前が灘橋、向うが瑞穂大橋）。
〈右下〉旅伏山山頂より斐伊川を望む。

出雲平野の築地松

斐伊川は天井川でよく氾濫することは先に述べた。そのため古くから土を高く盛って地盤を嵩上し、その北西方向に松を植え込み、季節風や台風から家屋を護る役目がこの築地松である。
近年、マツクイムシの被害で松が枯れ、伐採する家が多くなったが、この光景は他の地方では見られない出雲独特の自然文化芸術作品と云ってもよい。いつまでも護り続けたいものだ。

〈左〉季節風に曝される西側の松は美しい。
〈右〉家屋に面した側は枝が伸びないように伐採する。
〈下〉築地松の家屋が並ぶ斐川町の光景。背面は北山山系。

雪の築地松
吹雪から家屋を守る。

陰手刈り研修会風景 （2013.11.23）
（のおてご）

陰手刈りとは築地松の伸びた枝を伐採・剪定する作業を云う。築地松の高さは屋根より高いから10m以上はある。長いハシゴに乗りながら、薙刀のような長い柄のついた大きな鎌のような鉈を自由に操って松の枝を切り落とす。近年、築地松が減少するに従って、陰手刈りの職人も減少した。数人の陰手刈り師の親方が後継者育成のために講習を行っている。
〈左ページ・上〉講習会風景
〈下左〉三島陰手刈り師
〈下右〉坂本陰手刈り師

斐伊川の夕景
出雲平野では夏から秋にかけて空一面が赤く染まる。
西代橋から見た斐伊川の夕景（左上　三瓶山）。

斐伊川下流の中洲
斐伊川下流は川幅も広く大川と云った。平常時は水の流れは少なく中洲が至る所に点在し、時には樹木が自生することもある。
〈上〉斐伊川下流の朝霧が立ち込める中洲の風景。
〈下〉斐伊川中洲より大黒山を望む。

宍道湖シジミ漁

宍道湖のシジミはヤマトシジミと云って、黒色した高級品質を誇る。淡水と海水が混ざり合った汽水域に恵まれた自然環境の下で、シジミは生息している。(有)宍道湖に所属する元宍道湖漁協理事長原敏夫氏並びに原秀範氏の船に数回に亘って乗船し、シジミ漁の採取模様をつぶさに見ることが出来た。日の出の前から船を操縦し、日の出と共に活動を開始する。シジミを採るには大きな鋤簾（じょれん）が使用される。船を操縦しながら鋤簾（じょれん）を曳く方法と漁師が直接湖に入って採る方法の二つがある。平成26年当時は不漁期から回復した年であり、各漁師の漁獲量は1日2籠（約100kg）と制限され、操業時間も、船で日の出から2時間、湖に入って同様3時間、週4日と決められていた。平成25年の宍道湖のシジミ総漁獲量は1800ｔ、今は更に回復しているだろう。宍道湖のシジミ漁獲量は全国一を誇っている。

〈上〉宍道湖の夜明け。
〈下〉夜明けとともにシジミ漁が始まる。

〈左〉船で採取する原敏夫元理事長と船内のシジミ漁設備。
〈上〉シジミ取り専用の鋤簾（じょれん）で湖底からすくい上げる。
〈下〉昔ながらの漁法として、直接湖に入って鋤簾（じょれん）で取る原秀範氏。

37

宍道湖の夕照と大根島の牡丹園

〈上〉紅く染まる宍道湖の夕日。
〈下〉中海に浮かぶ大根島では特産のボタンが有名である（由志園）。毎年4月下旬から5月上旬が見ごろである。鶴岡八幡宮の寒牡丹はここ大根島で育成された牡丹が毎年移植されると云う。

加賀潜戸の中の新潜戸
かかのくげと
（国指定文化財：名勝および天然記念物）

新潜戸は海中洞窟となっていて、『出雲国風土記』によると、佐太大神の生誕地とされている。

十六島の岩海苔漁
<small>うっぷるい</small>

十六島（うっぷるい）湾は12月に入ると日本海からの高波が岩場一帯を打ち寄せる。貝類の中で発生した菌が岩に付着して海苔が成長するという。海が荒れると豊作で、この日のように穏やかな日は不作であると云う。

天然海苔即ち岩海苔は古墳時代から始まったという説がある。江戸時代までは岩海苔と言えば十六島海苔が代表される程有名で、風味と香りは格別である。主に正月用の雑煮に愛用され、高価な品である。

写真は十六島の突端に当たり、通称"鼻"と呼ばれ、見事な景観である。

〈左上・右上〉岩に張り付いた海苔を手で摘み取る風景。
〈左下〉岩の上はスリップし易く、長靴の裏底に特殊な爪をつけて漁をする樋野峰雄氏。
〈右下2枚〉岩海苔の加工はほとんどが家内作業として営んでいる。

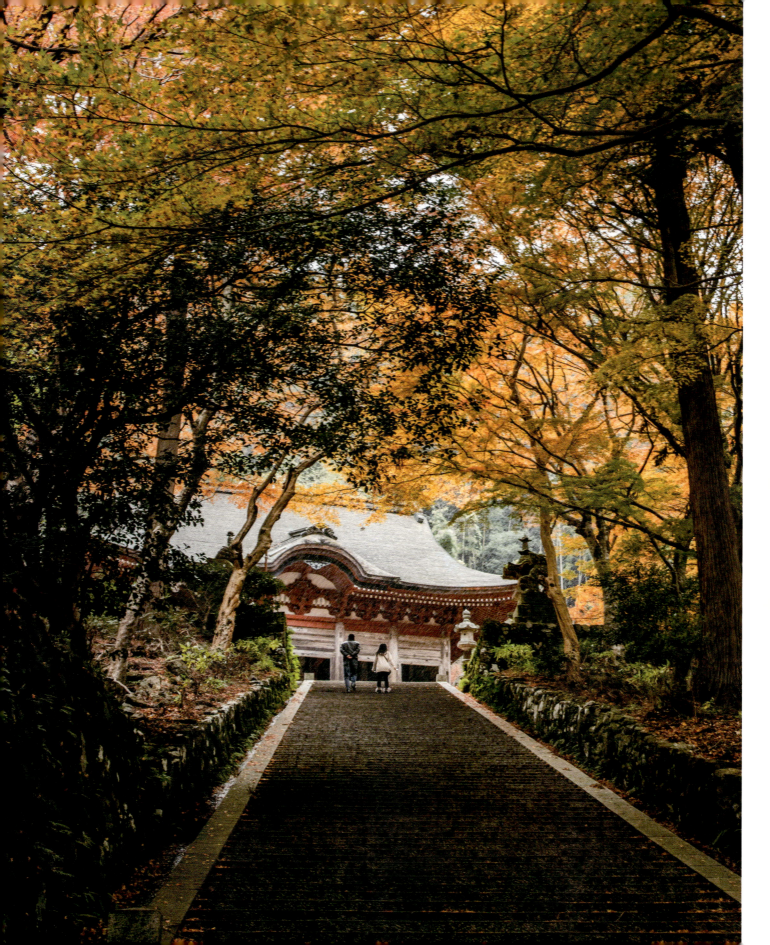

鰐淵寺紅葉
県下有数の紅葉の名所として知られ、11月下旬から12月初めごろまでが見頃である。
〈左〉鰐淵寺　根本堂

雪舞う中の参拝。

第3章

古代出雲 寺院・神社と祭祀

　神無月については諸説あるが、出雲では、出雲大社外いくつかの神社で旧暦10月に「神在月」の神事が行われる。旧暦10月10日の夜、記紀神話において国譲りが行われたとされる稲佐浜で、全国から参集する神々を迎える「神迎祭」が行われる。一方、旧暦10月26日の夜から翌日の未明にかけて全国の神様が神立橋を起点に一斉に諸国に立ち去っていく神事「神等去出祭」が万九千神社で行われる。

　このように古事記、日本書紀、出雲国風土記に記された出雲神話に関する神事が今も出雲のそれぞれの神社で行われている。出雲の神様と云えば素戔嗚尊、大国主命に代表される。その中で素戔嗚尊を祀る代表的神社が熊野大社、日御碕神社、八重垣神社、須我神社が挙げられるが他に多数の神社がある。また、古代から伝わる神社特有の神事として勾玉の玉作湯神社、どぶろく・発酵の神様と知られる佐香神社がある。また、記紀神話に基づく代表例が、国譲り神話にまつわる「青柴垣神事」が美保神社で、八岐大蛇を退治する際、櫛稲田姫を八重垣の森に匿ったという「身隠し神事」が八重垣神社で行われている。これはその一例に過ぎないが、神社と氏子および地域住民が一体となって継承していくところが出雲人の特徴と云っても過言ではない。出雲が神話の国である由縁である。

出雲国浮浪山鰐淵寺

鰐淵寺はもと鰐淵山と称し、推古2年（594年）信濃国智春上人が推古天皇の眼疾を浮浪滝に祈って平癒されたので、その報いとして勅願寺が建立された、とある。

古代、鰐淵山は浮浪滝を中心とした修行道場であり、山岳信仰の場として全国的に発展した。平安初期に伝教大師が比叡山に天台宗を開くといち早くその法門に帰依し日本で最初に比叡山の末寺となった。

鎌倉時代の鰐淵寺縁起では、「およそ我が朝（日本）これ神国なり、当州（出雲）また神境なり、神は法（仏法）により威光を倍す」と説いている。これが神仏習合の基かと思われる。

杵築大社（出雲大社）との関係は祭礼に参加するなど、強い絆があり大いに繁栄したとある。現在の建物は戦国時代に毛利氏に力を尽くしたので、毛利輝元が建てたと伝えられている。

（「修験の地　出雲国浮浪山　鰐淵寺」より）
〈左ページ〉鰐淵寺の浮浪滝と蔵王堂。かつてお全国から多くの修行僧が集まり、この浮浪滝を中心に修行した。
〈上〉鰐淵寺　根本堂

梵焼会（ぼんしょうえ）

梵焼会とは、天台宗、真言宗の法会で、観音様や不動様などを本尊とし、護摩壇の火の中に護摩木や供物を投焼して本尊様に供養し、災いを除き、幸福をもたらし、悪を屈服させることを祈願する法会である。
〈左〉護摩壇の前で読経する佐藤住職。
〈右〉山伏による法螺貝の音が全山に響き渡る。

51

山伏によって護摩壇に火を入れる。炎は雲竜の煙を伴って、根本堂の屋根の高さまで燃上った。

〈上〉住職は護摩木に目を通す。
〈下〉願いや悩みを書いた護摩木を火の中に投げ込む山伏。

〈上〉狭い洞窟を潜ると狭い敷地に小さな祠（ほこら）がある。周囲は崖になっている。
〈左・右〉静寂な杉並木を通って行くと、やがて鳥居が見える。そこから急坂の朽ちた石段を上ると、岩穴にたどり着く。

せまい狭い岩穴を通って神社にたどり着く。ここ数年県外の若い人たちが人気スポットとして多く訪れる。

韓竈神社
からかまじんじゃ

創建は不明だが、出雲国風土記には韓金至社（カラカマノヤシロ）と、延喜式には韓竈神社と記してあり、非常に古い由緒ある神社である。祭神は素戔嗚尊（スサノオノミコト）がお子様を連れ立って新羅に渡り、植林法を導入すると共に、製鉄文化をこの地（出雲市唐川）で開拓したとある。この地帯は北山山系が連なり、古くから銅の産出地帯として有名で、自然銅や野だたら跡が見受けられる。ここで産出した銅が荒神谷で出土した銅剣・銅矛・銅鐸に使用されたか否かは定かでないが、全く無関係でもなかろう。地元の識者によると、ここは日本海の十六島（うっぷるい）湾に面し、古くは新羅（韓国）との交流があった。地元の漁師によると、今でもハングル文字の入った浮遊物が流れ込むと云うように、海流の道筋でもある。また、韓竈神社の奥に野たたら跡があるという。野だたらとは古代のたたら製鉄で、砂鉄から鉄を精錬する炉を云う。素戔嗚尊はここで開拓した製鉄技術を砂鉄の豊富な中國山地の奥出雲に行ってたたら製鉄を広めたのではないかと想像する。

須賀神社

古事記では素戔嗚尊（スサノオノミコト）が簸の川（斐伊川）の川上で八岐大蛇（ヤマタノオロチ）を退治した後、櫛稲田姫命（クシナダヒメノミコト）とこの須賀の地で、「八雲立つ　出雲八重垣つまごみに　八重垣つくる　その八重垣を」と歌い、この須賀の地に宮殿を造り日本の国造りを始めたと云う。これが和歌発祥の由縁である。また、古事記・日本書紀に日本初之宮と掲載され日本最初の神社とされている。

この須我神社から約２km先に八雲山がある。ここが登山口でもあり、奥の宮に往く参道でもある。中腹に巨岩が三つ並び、磐座（いわくら）と言って素戔嗚尊と櫛稲田姫が鎮座する。

これが奥の宮である。更に登ると地元の和歌愛好家が詠った和歌の石碑が何本もあり、目を通しながら進むと八雲山山頂に辿り着く。確かに宍道湖、中海が見えるが、廻りは雑木林が立ち並んでいた。

〈上〉須賀神社例祭　〈左〉前夜祭　〈下〉神主神楽

〈上〉和歌の発祥地として知られている。
〈下〉地元の海潮神楽を継承する中学生たち。

八重垣神社　身隠し神事

由緒によると、神社の創建は遠く太古とあるのみで不明。素戔嗚尊（スサノオノミコト）が八岐大蛇（ヤマタノオロチ）を退治して、須賀の里より更に離れた佐草の地に稲田姫命（イナダヒメノミコト）の避難地であるこの森に宮造りをして、〈八雲立つ出雲八重垣妻込めに……〉の歌から八重垣をとって八重垣の宮と名付けたと記している。素戔嗚尊と稲田姫命はこの地で新生活を始めたとされ、我が国縁結びの本宮がこの八重垣神社であると称される由縁である。
〈上２枚〉八重垣神社の鳥居と本殿。　〈下〉神前に向かう佐草宮司。

〈上〉榊を持った女の神官が先導し、笛や太鼓を鳴らして本殿を周回する行列。
〈下〉白幕の中には神様である稲田姫命に擬した女児が匿われ、その後を宮司が見守りながら大杉の森にと行進する。

大杉の森で身隠し神事

稲田姫命をこの佐草の地で大杉の廻りに幾重にも八重垣で囲みかくまったという神事が「身隠し神事」である。
〈左上・下〉夫婦杉の廻りを一周する。
〈上〉佐草宮司による祝詞（のりと）の奏上。神事のクライマックス。
〈右下〉役目を終え宮司夫妻より労いの言葉を受ける稲田姫役の少女。

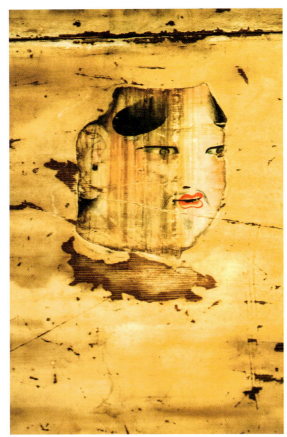

〈上左・右〉素戔嗚尊と稲田姫の壁画（八重垣神社所蔵　重要文化財）。
〈下〉素戔嗚尊と稲田姫命の手を引く老夫婦（脚摩乳と手摩乳）。海潮神代神楽。

鏡の池

稲田姫命は避難中飲水に使用したり、ご自身の姿を写して美容を整えたと云われる神秘的な池がある。鏡の池と云う。最近結婚を前にした若いカップルや若い女性が多く訪れて人気が高い。

占い用紙に百円玉か十円玉を乗せて祈り、用紙が15分以内に沈むと良縁が早く、30分以上遅く沈むと縁が遠いと云われる。近年、多くの若い女性が訪れ人気の的になっている。

〈上・下〉鏡の池（縁結び占いの池）

出雲国一之宮　熊野大社

熊野大社はイザナギ・イザナミに可愛がられた素戔嗚尊が祀ってある神社である。古事記、日本書紀、出雲国風土記を紐解けば、意宇（おう）川源流の熊野山（現天狗山610m）に巨大な岩（磐座（いわくら））がある。これが古代祭祀の場所で、毎年5月第4日曜日に本宮祭が行われている。熊野大社の創建は斉明5年（659年）と日本書紀にある。

熊野と云えば、一般には2004年7月に、ユネスコの世界遺産「紀伊山地の霊場と参詣道」に登録された熊野三山（熊野本宮大社、熊野速玉大社、熊野那智大社の総称）を連想するであろうが、こ こは修行道場としての仏教的要素が強い。熊野大社に残る言い伝えによると、近くの炭焼き職人が紀伊国へ移り住んだ時に熊野大社の神主が熊野大神のご分霊をもって行き、それを祭ったのが熊野本宮大社であると云う。熊野大社は熊野三山の元津宮であると由緒書きにある。尚、全国に点在する熊野神社は熊野三山の祭神を勧請された神社を指す。

〈上〉神楽殿を右手に熊野大社拝殿と本殿。
〈下〉鑽火祭の中で重要な亀太夫神事に参列する神官。先頭から2番目が熊野宮司、次いで亀太夫。

この当時の熊野大社は常に杵築大社（出雲大社）より常に神階が上であった。古来、出雲国造（出雲大社宮司）は熊野大社の神火を戴くことにより、初めて国造として職を踏襲することが出来る。熊野大社の御神意に叶うことが最高の条件である。
そのことを物語るのが古代から今でも伝わる"鑽火祭"である。
〈上〉熊野宮司による神事の執行。
〈下〉出雲大社随員が長いお餅（神餅）を持参しながら参列。

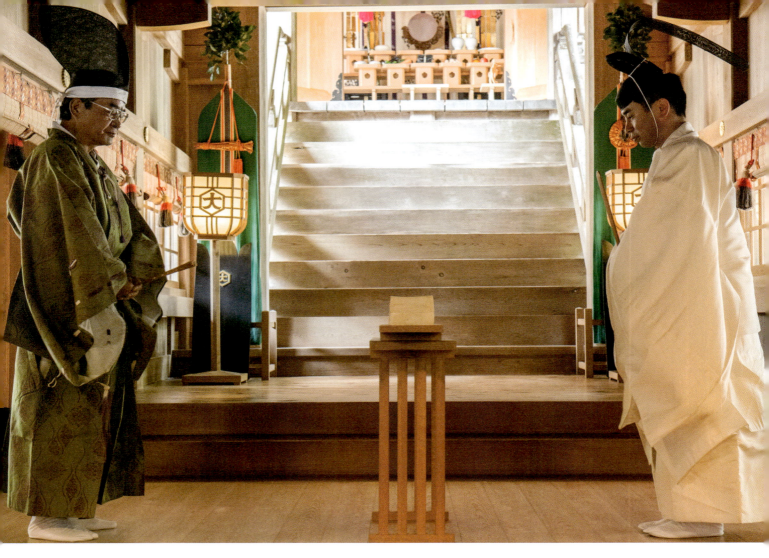

鑽火祭（亀太夫神事）
毎年10月15日、出雲国造（出雲大社宮司）が熊野大社に参上し、檜で出来た燧臼（ヒキリウス）と卯木（ウツギ）で出来た燧杵（ヒキリキネ）を拝戴する神事が鑽火祭・亀太夫神事である。出雲大社では持ち帰った燧臼・燧杵で火を燧（き）り出し、新嘗祭はじめ神にお供えする料理を作る際に神火として用いる。（「熊野大社」より）

〈左上〉出雲大社（右）が持参した餅に、亀太夫（左）が神餅に難くせをつけ、二人の間で狂言のような遣り取りが交わされる。参拝者にとって、ユーモラスな楽しい場面である。
〈左下〉亀太夫が神器（火きり臼・火きり杵）を神前より運び出す。
〈右〉神器を鑽火殿に安置。その後、出雲大社が持ち帰る。

出雲大社千家宮司による百番の舞

百番の舞とは、神々の恩恵によって農作物が豊富であったことに対する喜びを神に表現する儀礼である。百番と云っても実際は五十番が舞われ、国造（宮司）は両手に榊を取って大きく輪を描いて舞い、これを50回繰り返す。（由緒より）
〈左上〉出雲国造（出雲大社千家宮司）以下随員が本殿に向かう。　〈右〉出雲国造による百番の舞。〈左中〉舞に合わせて神歌と琴板を打ち鳴らす。　〈左下〉神事を終えて千家宮司の餅撒き。

出雲大社全景（本殿：国宝）
<small>いずもおおやしろ</small>

古代より杵築大社（きづきたいしゃ）と呼ばれていたが、明治になってから出雲大社と改称された。
一般的には出雲大社を"いずもたいしゃ"と呼ぶが、出雲大社の正式名は"いずもおおやしろ"と云う。杵築大社と云う社号は「出雲国風土記」「延喜式」に記され、古事記、日本書紀等の古典ではいろいろの別々の社号が見受けられる。

出雲大社

主祭神は大国主命であるが、現在、出雲大社は大国主大神（オオクニヌシノオオカミ）と呼んでいる。記紀をはじめ多くの古典で大国主命の別名が沢山ある。代表的な記載は日本書紀の大己貴命（オオナムチノミコト）、大物主神（オオモノヌシノカミ）、出雲国風土記の大穴持命（オオアナモチノミコト）、古事記の八千矛神（ヤチホコノカミ）等がある。

創建は定かではないが、国譲りの功績により、天津神（天皇）の命によって、国津神である大国主神の宮が建てられたということで、古代における国家的な事業として行われたものであると云う。一方、出雲大社由緒略記では、崇神天皇60年7月、垂仁天皇8月に使いが遣わされ、出雲大社造営を命じたとある。最古は高さ32丈(約96m)、その後は高さ16丈（約48m）とあり、柱は3本の巨木を合わせ鉄の輪で結んだ巨大な建物であり、平安時代の奈良東大寺大仏殿より大きかった。当時、巨大建物を比べた「口遊（くちずさみ）」の【雲太・和二・京三】1位は出雲大社、2位は東大寺、3位は京都御所・大極殿の伝承が事実であったと、近年の発掘調査から立証出来たと云う。

由緒略記によると天照大神は第二子の天穂日命（アメノホヒノミコト）に祭祀を任せたのが出雲大社の起源である。その後、その子孫が代々出雲国造（出雲では"コクソウ"という）の任に当たり、祭祀を務めてきた。現在は千家尊祐宮司が第84代出雲国造に当たる。一方、神魂（カモス）神社の由緒略によると、25代国造までこの神魂神社で祭祀を行っていたが、斉明天皇の時、出雲大社が創建されると、出雲国造は霊亀2年(716年)に杵築（大社）に移った。ここから推測して、出雲大社の創建は710年代と思われる。

出雲大社　大祭礼前夜祭
〈上〉千家宮司以下神官が揃って神事の執行。
〈下左〉千家宮司の祝詞の奏上。　〈下右〉巫女の舞。

出雲大社　大祭礼

毎年5月14日午前10時、数多い出雲大社の祭典の中でも1年に1度、この例祭にしか着ない正服に身を包んだ国造（宮司）以下神職たちが本殿参進する。この儀式は天皇陛下のお使いの勅使が、御幣物が納められた唐櫃と共に、随員を従えてご参向する。御本殿にて勅使より御幣物が国造へ伝達される祭典である。
〈左〉千家宮司以下出雲大社全神官の参列。
〈右上〉例祭に先立ち的射祭（まといさい）が行われる。
〈右下〉八足門に向かう神官。

天皇陛下の勅使参向
出雲大社と皇室とは古くから
深い繋がりがあり、他の神社
にはない特別な関係。

陛下の御幣物が納められた唐櫃を献上する
勅使とその随員。
〈左上〉御幣物を楼門に運ぶ勅使。
〈左下〉陛下勅使の献上。
〈右上〉勅使の退席。
〈右下〉例祭を終えて楼門を出る千家宮司。

出雲大社　神迎祭
旧暦10月を神無月と云うが、出雲では神在月と云って、全国の神様が出雲にお集まりになる。
出雲大社では毎年旧暦10月11日より17日まで神在祭が行われる。それに先立って10月10日夜に全国から来る神様をお迎えして稲佐の浜で神迎祭が執り行われる。
天気が良ければ氏子をはじめ、全国から訪れる信者、観光客でにぎわい、2万とも3万とも云う人々が集まる。午後7時になると周囲のすべての灯が消され、浜に焚く篝火の灯のみで神様を迎える。これこそ静寂な闇の中で、荘厳に行われる。神官の柏手の音も、権宮司の祝詞を奏上する声も周囲に響き渡る。出雲でなければ体験できない厳かな瞬間である。
〈左〉稲佐の浜海岸を照らす光芒。
〈右上〉夕暮れを過ぎて、篝火の明りを頼りに稲佐の浜で神々を迎える厳粛な神事。
〈右下〉神事を見守る一般参加者、2万人とも3万人ともいわれる観衆。

〈上〉神聖なる龍蛇に導かれて八百万の神々を迎える祭事、司る権宮司。
〈下〉ご神体を出雲大社神楽殿に向かって移動。
〈右上〉ご神体の移動。
〈右下〉龍蛇祭

万九千社（通称　万九千神社）　神等去出祭

万九千社の創建は定かではなく、出雲国風土記や延喜式に出てくる「神代（かむしろ）社」が、後の万九千社にあたると伝えている。約1300年前までさかのぼる。中世になると「神立（かんだち）社」、近世になると「神立大明神」、「万九千大神」などと称され、明治以降は、「万九千社」となった。（由緒より）

全国的に旧暦10月を神無月と云うが、出雲に限って神在月と云って、全国の八百万の神が出雲に集まって神議り（かみはかり）をする期間である。この月に出雲大社をはじめ限られた数社が神在祭を行う。

万九千神社は出雲路における最後の締め括り、神宴を催したのち、旧暦10月26日から翌未明にかけて諸国へと旅立ちする神等去出祭（からさでさい）が特に有名である。直ぐ近くに神立橋がある。ここは東西南北の陸路の交差点であり、斐伊川への水路の地点でもある。八百万の神は神立橋を起点に一斉に帰路に就く。この神等去出祭の夜は八百万の神々が神宴を終えた後、付近を出歩いているので、近隣の住民は家に閉じこもって、息を凝らしひっそりとしていなければならないと幼少の頃から聞かされた。

〈上左・右〉万九千神社に参拝する人びと。
〈下〉八百万の送り出す神等去出神事。

〈左・右・下〉最後に扉を閉めて、宮司が"おたち！　おたち！"と叫び、扉を打って、八百万の神々を見送り神々は直ぐ近くの斐伊川に掛かる神立橋より一斉に全国にお発ちになると云う古い言い伝えがある。

美保神社

主祭神は大国主命の后（きさき）に当たる三穂津姫命（ミホツヒメノミコト）と、大国主命の子・事代主命（コトシロヌシノミコト）、本殿が二つあり、向かって右側に美保津姫命が、左側に事代主命が祭ってあるが、両本殿をつないで比翼大社造りと呼ばれている。

事代主命は恵比寿様と呼ばれ、全国のゑびす様の総本宮でもある。

創建は定かでないが、出雲国風土記延喜式に記されている古社である。

ゑびす様は鯛釣りが好きで、よく美保関の先に浮かぶ沖之御前島で釣りをした。この島こそ島根の根の国の島であると先代の横山宏充宮司（第89代）にお会いした時に伺った。

〈左〉拝殿の奥にある二つの本殿。

〈上〉白装束の氏子（使者）が対岸の大国主命を祀る客人神社に向かって"ヤアヤア"と言いながら漕いで行く。
〈左〉使者は事代主命に擬する宮司に向かって、「タカーサンドー」と叫び、宮司が「目出度う候……」と云って、その後「天の逆手」（あめのむかいで）と云う柏手を打つ。
〈下〉互いに激しく水かけをするので、水掛祭とも云われる。

美保神社　諸手船神事（もろたぶねしんじ）

出雲国があまりにも強大な国になったので、天照大神高天原は葦原の中津国（日ノ本の国）即ちはこの国は我が子が統治するところと云って、最後に建御雷神（タケミカズチノカミ）を派遣して大国主命に迫った。が、大国主命は一存では決められないので、第一子の事代主命に聞いてくれと伝えて、使者が諸手船に乗って美保神社に向かった。ここから諸手船神事が始まる。

事代主命は天津神（天照大神）にこの葦原中津国（日ノ本の国）を返上した方がよかろうと答えて、自らは海底に青柴垣を造って、その中に隠れたというのが、次の青柴垣神事神として有名である。この神事が長年宮司と氏子が一体になって今日まで継続できたのも、地域の伝統文化を大切にし、恵比須様に対する崇敬の念が地域を強い絆で結び付けているからである。

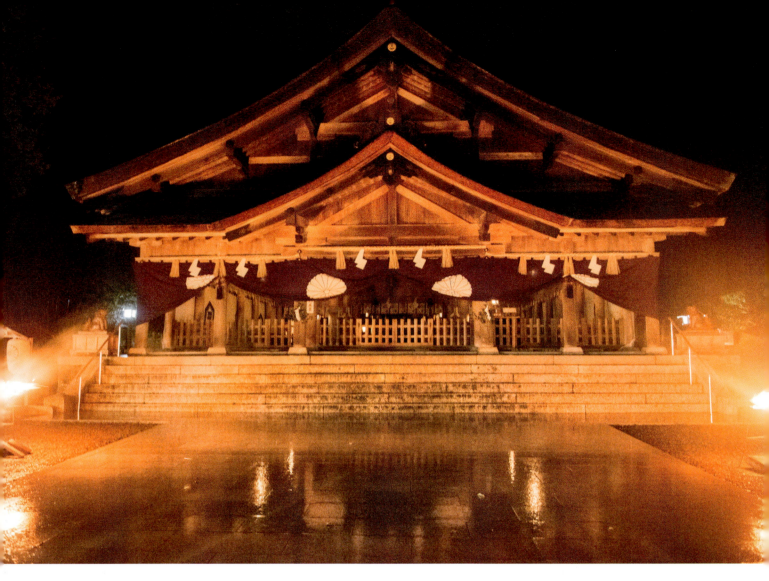

美保神社
青柴垣神事　宵祭

　4月6日夕刻、赤々と燃上る松明の明りで神殿が一層荘厳で神秘的となり、その中で、宵祭が執り行われる。次から次へと子供たちがお供えする飲食物を三方に載せて神前に運ぶ。約百台余りに上る供え物は氏子によって一週間前から準備されると云う。
〈上〉雨に濡れた神殿が篝火によって一層神秘的に輝く美保神社拝殿。
〈下〉篝火に誘導されて拝殿に向かう神官たち。

〈左〉神前にお供えを運ぶ。
〈右〉神前に神饌を供える。
〈下〉巫女を前に、両当屋がお供えの祭典を終えて出る。

**美保神社
青柴垣神事**

青柴垣神事は天孫降臨に先立ち、天津神（天照大神）の使者が出雲国に来て、大国主命にこの国を天照大神の子に譲れとおっしゃった。大国主命は私の一存では決められない、我が子の事代主命に聴いてくれと云った。その時、たまたま事代主命（恵比寿様）は美保埼で釣りをしていたが、父神に対し「畏（かしこし）この国は天津神の御子に奉り給え」と云って、海中に青柴垣を造り、天逆手（あめのむかえで）を拍ってそのまま海に身を隠したという。大国主命はその言葉通り国土を天津神に譲ったと云う。
先代の横山宮司にお会いした時、出雲の国譲りの心こそ和合の精神である。決して争いを好まず、平和を願う心が出雲人の伝統であると。（美保神社「青柴垣神事概要」を参考、古事記、日本書紀に記載）
美保神社では毎年4月7日に海中に青柴垣の船を浮かべて、事代主命の恭順忠誠の業績を偲ぶ神事を行っている。

中央の二人が当屋（とうや）と呼ばれる神懸かりする人、生き神様とも云われる。当屋は第一当屋と第二当屋。その隣が小忌人（おんど）と云って当屋の妻役、と供人（ともど）と云って当屋と小忌人のお供で女子小学生が務める。生き神様の前で、近隣の人や遠くから参拝に来た人が御神酒を頂き、賽銭を納めて一年間の無病息災を祈る。

〈下左〉天津神の使者を迎えに社頭へ出向く当屋（事代主命）。
〈下中〉社殿で舞う巫女。　〈下右〉奉幣を終え御解除（おけど）に向かう宮司。

〈上左〉蝶扇を当屋（生き神様）に次々と渡し、神が触れた蝶扇を参拝者に贈る。
〈上中〉小忌人（おんど）が出入りする都度服を整える風景。
〈上右〉氏子が時々お神酒を酌み交わす。

〈左上〉御解除（おけど）に向かう宮司。
〈右〉御解除。国譲りを決断する儀式。
〈左下〉子供の警護隊を先頭に御船に向かう。

95

〈左上〉御船に渡る小忌人（おんど）。
〈左中〉御船に渡る当屋。
〈左下〉神職が御幣を納めた辛櫃や祭器を運び込む。
〈右上〉青柴垣。事代主命が乗っていた船を傾け、海中にお隠れになった場面。ここでは当屋は青柴垣に見立てた幕の中で化粧直しをして、神への再生をすると云う。
〈右下２枚〉御船から上陸する当屋と小忌人。ここは高天原を想定した場面で、天空を歩くように足が地に着いてない演技をする。

97

〈上2枚〉拝殿に向かう両当屋と小忌人。拝殿が高天原の神殿を意味すると云う。
〈下〉奉幣の儀

佐香神社　どぶろく神事

日本最古の麹、酒等醗酵の神様として知られている。清酒の神様は京都の松尾神社とされるが、長い間、両者の間でお酒の神様としてどちらが古いか論争された。が、近年"どぶろく"は佐香神社が古いと云うことに決着したと常松秀紀宮司から聞いた。また、宮司家代々の言い伝えによると、その昔、周囲5mほどの太い松が5本あり、その大きな松の中に祠があった。鳥が米（稲穂）をついばんで次々と祠で休み、近くの小堺川へ行っては水を飲み、祠で休んだ。鳥が吐き出した唾液を含んだ水が祠に溜まるうちに、良い香りがしてどぶろくを発見した。これを機に佐香神社は麹を作り、どぶろくをはじめ味噌醤油を醸すようになったと云う。この祠が佐香神社の発祥地である。

主祭神の"久斯之神（クスノカミ）"は薬の神であり、酒造の神でもあるとも云う。

毎年10月13日の大祭には杜氏並びに酒造関係者が参拝する。中四国のみならず、遠く九州、神戸の灘からも参詣する。【濁り酒1石（18ℓ）以下無税】の許可を得て、大祭当日に杜氏をはじめ一般参拝者も神酒を戴く習わしがある。

〈上〉佐香神社（松尾神社）〈下〉どぶろく神事に先立ち湯立神事。

〈上〉神前に新種のどぶろくを供える。
〈下〉どぶろくを酌む宮司と権宮司。

〈上〉近隣および関西方面から来た杜氏。
〈下〉神社を後にする宮司以下神官。

101

〈左〉玉作湯神社
〈右〉世にも珍しい親子の狛犬。
〈下〉神事に向かう遠藤宮司。

玉作湯神社

創建は定かではないが、出雲国風土記および延喜式にも記載されている古い神社である。
祭神は【玉作神】と【湯神】が祀られている。玉作の祖神とされる櫛明玉命（クシアカルダマノミコト）は勾玉などの玉類を制作し、その子孫が代々勾玉（まがたま）等を作る仕事を引継いだ。この地区の花仙山周辺は最古の玉作り遺跡で、弥生末期から玉作が行われていたと云う。この山は製玉の原石である瑪瑙（めのう）の豊富な産地である。特に、青瑪瑙は玉造の特産で天下一品の玉とされた。出雲国造の新任に際し、朝廷に参上するに当たり献玉する習慣があった。
一方、湯神は玉造温泉を発見した少彦名命（スクナヒコナノミコト）と温泉療法を広めた大国主命が共に祀られていると神社に記されている。
境内には、触って祈れば願いが叶うと言われる"願い石"があり、最近、若い歴女に人気がある。

〈上・下〉玉造温泉の湯を神前に供えお祓いをする。

玉作湯神社　式包丁の儀

平安時代から室町時代にかけ、天皇、将軍家等格式ある高貴な客人を迎えて、その前で魚などお供物に一切手を触れず、包丁と箸のみで調理する儀式である。玉造調理師会では今もなお伝統が受け継がれて、毎年10月10日玉作湯神社の例祭には調理人が見事に演ずる。2016年は山蔭流包丁人落合正樹氏が出世魚のマルゴを宮司以下神職の見守る中で調理し、神饌として奉納した。
〈左〉式包丁を始める前の神事。
〈右〉神官等が見守る中で見事に調理した夫婦岩の造形。
〈下段左から〉手を使わずに包丁と箸のみで調理する式包丁儀式。

日御碕神社　和布刈神事

毎年旧暦1月5日に宇龍港（うりゅうこう）の眼前にある権現島の熊野神社で行われる。浜辺から権現島までの間に6隻の船が大漁旗をなびかせて並び、神主や地元の代表が乗り込んで権現島に渡る。神主が箱めがねで新しいワカメを刈り上げ、神前にワカメを供え豊漁を祈願する。

〈左上〉対岸の権現島に向かう神官たち。　〈左中・下〉対岸の島へ渡し役をする若人。
〈上左〉権現島の岸壁から竿でワカメを採取する神官。　〈上右〉権現島の熊野神社の神前にワカメを奉納。
〈下左・中・右〉すべての役割を終えて海に飛び込む若人。

107

日御碕神社

日御碕神社には日沈宮（下の宮）が天照大御神を、神の宮（上の宮）が素戔嗚尊を祀る二つの神社がある。日沈宮は古代には現社地に近い経島（ふみしま）に鎮座されていた。ある時、素戔嗚尊の子　天葺根命（アメノフキネノミコト）が浜に出たとき、経島の島上にある百枝の松に吉兆をもたらす輝かしい光が射したので、お告げにより天照大御神を祀った。古来よりここで夕日の祭が行われている。太陽が鳥居の真ん中に沈む光景は感動的である。日御碕の夕日は日本で最も美しいと云われている。

一方、上の宮は、古代現社地の裏側にある隠ヶ丘（現宇龍地区）に鎮座されていたが、安寧13年に現在の地に移った。由緒によると、天葺根命はこの隠ヶ丘に素戔嗚尊の魂を鎮め霊地とした。尚、天葺根命の子孫小野家が日御碕神社の宮司を務めている。現在の小野高慶宮司が九十九代に当るという。即ち、素戔嗚尊から丁度百代になる。

〈左〉日御碕神社上の宮（素戔嗚尊）
〈右〉下の宮（天照大神）
〈下段〉太鼓を先頭に、神輿、宮司以下神官、氏子と
行列を作って、夕日の祭を行う場所に向かう。

**日御碕神社
御幸祭（夕日の祭）**

〈上左〉経島に渡る神官。
〈上中・右〉素戔嗚尊の息子に当たる天葺根命が海辺に出たとき、経島の百枝の松に瑞光が射した場所に礼拝。
〈下〉経島のほぼ中央にある鳥居に真赤な夕日が落ちる。

出雲の鉄文化
たたら製鉄

　中国山地の雪深い奥出雲に「日刀保たたら」がある。ここで今も脈々と日本古来の、「たたら製鉄」を操業し、現代の洋式高炉では造ることが出来ない高純度の鉄「玉鋼」を製造している。明治に入って、高炉に押され、衰退の一途を辿ったが、戦時中は「靖国たたら」として復活し、主に日本刀を造っていた。戦後に入って、たたら製鉄は完全に消滅したかに思えたが、日本刀が美術品・工芸品としての価値が認められ、昭和28年に日本美術刀剣保存協会（日刀保）が発足して、出雲固有のたたら製鉄の伝統文化が復活した。

　たたら製鉄とは古代から継承された和式製鉄で玉鋼を製造することが主体である。

　原料として砂鉄、木炭を使用するが、たたら製鉄の中心部は粘土で造り上げた炉と空気を送る"ふいご"（たたら【踏鞴】とも云う、現在は電動送風機）からなる。この粘土は単に炉の材料だけではなく、触媒と云う重要な役割を果たしている。木炭（カーボン）を空気で燃焼して砂鉄（酸化鉄）を還元する際、微量の触媒（重金属類）が介在によって高純度の鉄が得られる。炉は操業中にやせ細り、最後は壊して、鉧（ケラ）を取り出す。鉧（ケラ）とは玉鋼の母体で炭素含有が微妙に異なる鋼鉄の総称である。

協力：日本美術刀剣保存協会

日刀保たたら

日刀保たたらは奥出雲町大呂にあり、真冬の1月下旬から2月上旬にかけて数回操業される。灼熱の炎との戦いが続く中で、実は極寒の季節が作業に最適である。
〈上〉日刀保たたらの鳥上製錬所。
〈下〉ツララが下がる極寒の下で操業中。
〈右〉炎と格闘。

ここで重要なのは、"村下（むらげ）"の存在である。村下はたたら操業全行程の責任者であり、技師長であり、工場長の役割を担っている。工程管理は機器管理ではなく、全て村下の眼、耳、肌などの王感に頼り、全身全霊で対応する。炉の温度は約1,400℃まで上がるが、炎の色の変化で即座に判断する。更に村下のもう一つの重要な役割は後継者を育成することである。

現在村下は木原明氏と渡部勝彦氏の2名である。両名共国選定文化財保存技術者である。更に、村下代行に三上氏を加えて、この3名が砂鉄の装入とそのタイミングを計る役割を担う。

〈左〉国選定保存技術者　玉鋼製造
村下　木原　明
〈右〉原料の砂鉄。

砂鉄を投入する渡辺村下と三上村下代行。

操業は全工程7日間要する中で、最初の3日間は炉の作成と調整を行い、4日目に送風管の設置と火入れ、5日目から砂鉄と木炭の装入が行われる。最終日の7日目に炉を壊して、鉧を取り出す。
その間、村下をはじめ全作業員がほとんど不眠不休の状態で働く厳しい作業である。
〈上〉砂鉄を装入後、直ちに木炭を数回に亘って投入する。この時大量の火の粉が発生し、見物者にとっては壮観である。
〈下〉炉の下に穴をあけて、ノロの通り道：湯地穴（ゆじあな）を作る。ノロとは鉄滓（てつかす）で不純物の混じった銑鉄を指す。
〈右〉空気を送り込む送風管を調整中。

〈上・下〉ノロを掻き出す作業。

たたら製鉄の全責任
を持つ木原明村下。

ノロの搔き出し。

〈左〉釜崩しの前に鉧出しをするために地盤を叩いて固める。

〈上〉鉧（ケラ）の成長を確認し釜壊しが始まる。村下の掛け声と共に、大鉤（おおかぎ）と呼ばれる道具で、炉壁を一気に壊す。
〈下〉天秤山に乗った養成員と村下が渾身の力を込めて掛け声と共に炉壁を壊す。

炉壁を壊す最後の段階。赤々と輝く鉧（ケラ）が現れる。

最後の難関となる頑丈な炉壁を取り除く作業。

〈上〉炭火を払い鉧（ケラ）の出現。
〈下〉鉧（ケラ）の全貌。

131

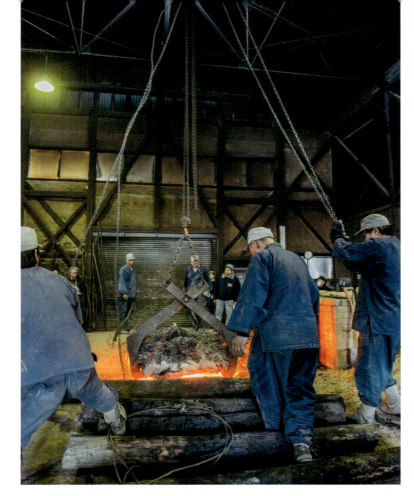

〈上〉鉧（ケラ）を滑車で運び出す。
〈下〉生成した鉧の重量は約2.5ｔと云う。破砕してこの中から玉鋼を選別する。

鉧を取り出すと、村下をはじめ作業関係者全員が鉄造りの神様である金屋子神に拝礼し、無事に出来上がったことを報告してから、直会(なおらい)を行う。

〈左・右〉鉧(ケラ)が出来上がった時点で金屋子神(鍛冶屋が信仰する鉄造りの神)に拝礼し報告する。
〈下〉出来上がった鉧(ケラ)を前に関係者の記念撮影。

133

出雲の伝統工芸師

　出雲に現存する伝統工芸師は多かれ少なかれ世襲によるものが多い。一代限りの場合もあれば、数代にわたって継続するものもある。ここでは古くから使用されている伝統工芸品を取り上げ、その歴史に触れたいと思う。

　まず取り上げるのが刀剣である刀匠の祖神は『日本書紀』に記載があり、『古事記』では刀匠が、天叢雲剣を天照皇大神のために造ったと伝承されている。

　勾玉などの玉は玉作湯神社に残る資料から、花仙山周辺では最古の玉作り遺跡があり、弥生時代から玉作が行われ、素戔嗚命に勾玉を献上したとも言われている。また、和紙は700年代に各地方で紙が漉かれていたと記録にある。出雲和紙は古代より出雲国で作られ、その紙が正倉院文書に残っていると安部栄四郎記念館の記録にある。同じように藍染もシルクロードを通じて大陸から伝わり、古代から藍染の衣服はあったと云われる。

　それに対して、そろばんは江戸時代に大陸から伝わった製品で比較的新しい。しかし、たたら製鉄の全盛時代には商売道具として欠かせなかったので、出雲で独自に発展したものである。

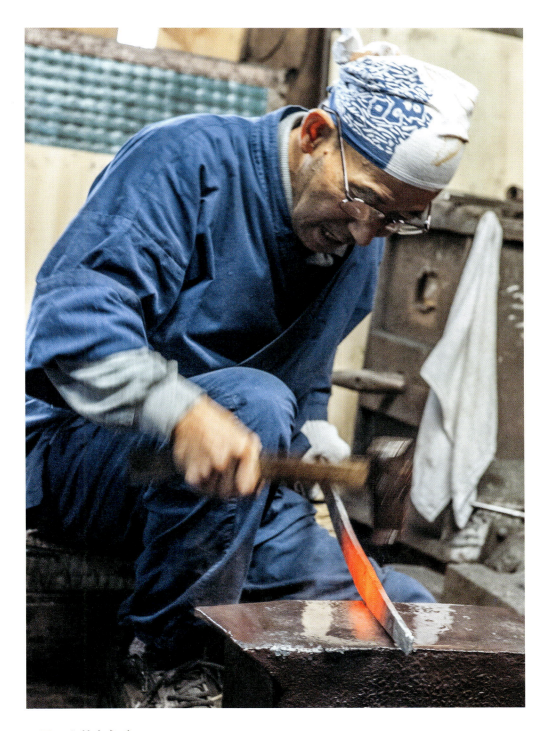

刀匠　小林貞永氏　島根県指定文化財（日本刀）保持者

師匠である父・小林貞善氏の小林日本刀鍛錬場に入門し、作刀を学んだ。その後数々の賞を受賞した。
平成25年出雲大社遷宮に際し、自ら日本刀を本殿に奉納した。
〈左上・下左・右〉玉鋼から刀造り工程。
〈右〉熱した鋼鉄を何度も金鎚で打つことを繰り返して、硬くてしなやかな刀に仕上げる。

刀の出来栄えを
チェック中。

雲州そろばん名工　長谷川充弘氏
経産省認定伝統工芸士

現代の名工　内田文吉氏に弟子入りし、算盤製造の道に入った。その後独立し自宅で算盤作りを始め、雲州そろばんの委託製造を行ってきた。
平成12年通商産業大臣表彰を受け、更に、平成22年11月叙勲　瑞宝単光章を受章した。
〈左〉竹ひご造り。
〈右〉民家の茅葺き屋根に使用した煤竹をストックし使用する。

奥出雲でそろばんが導入されたのは江戸時代末期に入ってからである。恐らく、たたら製鉄の発展と共に、鉄の商売に欠かせなくなったことと無縁ではなかろう。最盛期は全国の70％を雲州そろばんが占めていた。

雲州そろばんは奥出雲の山間盆地で今も細々ながらも続いていて、この手作りの高級そろばんは全国でも特に有名である。現在のそろばん製造は、この雲州そろばんと播州そろばんの2か所であるが、高級そろばんのシェアは雲州そろばんが圧倒的に高いと云う。

〈左〉そろばんの枠を切り取る作業。
〈右〉竹ひご（芯竹）造り。
〈下〉出来上がった自作高級そろばん。

出雲民芸和紙　安部信一郎氏　島根県指定文化財（雁皮紙）保持者

祖父安部栄四郎は昭和43年雁皮紙を漉く（すく）技術が認められて人間国宝になった。
その後を継いだ信一郎氏は安部栄四郎記念館を運営しながら、地域の子供たちに手漉きを教え、和紙の伝承を行うと共に、自らも紙漉きを行っている。
和紙の原料は主に雁皮（がんぴ）・楮（こうぞ）・三椏（みつまた）が使われるが、雁皮紙は千年以上持つ紙で、和紙の王様と云われている。

出雲は古代より出雲和紙の生産地として知られ、正倉院文書にも残っていると云う。和紙は家内工業が多く、江戸時代が最も盛んで、約30軒あったと云う。今は2軒のみを残すことになった。
出雲民芸紙は主にちぎり絵に用途があると云う。
〈左上・下〉漉き終わった紙を濡れたまま、何枚も重ねていく。
〈右〉出雲和紙の伝統を引継ぐ安部信一郎氏。

143

〈上〉出雲民芸紙作りは一家全員の家内作業。
〈下左・右〉蒸気による乾燥。

筒描藍染　長田茂伸氏
島根県指定文化財（筒描藍染）保持者

出雲市内中心部を流れる高瀬川沿いに長田染物工場がある。4代目　長田茂伸氏と息子の匡央氏の二人で家業を営んでいる。最盛期は紺屋が建ち並び、30軒あったのが、今は1軒が残るのみである。製品は、主に紋風呂敷、のれん、その他新作民芸品がある。
染加工は一枚一枚丁寧に筒引で模様を糊置きし、乾かして藍甕に浸けて染めては乾かし、乾かしては染めて昔ながらの紺の香ゆかしい藍で染め上げたものである。
〈上左・右〉伝統の藍染め。
〈下〉洗い終わった布を干す。

145

**筒描きする
長田茂伸氏**
糊を入れた筒を
チューブのように
先端から糊を出し
ながら筒引きする
細かい作業。

勾玉作り　村田誠志氏

勾玉は三種の神器の一つで古代から玉造で作られた、日本で唯一の製造地。勾玉の玉造りは新宮家が長年手造り作業で行っていたが、今は伝承館で効率的な機械作業に切り替えた。
〈左〉工房で勾玉作りに励む村田誠志氏。
〈上〉メノウ原石。
〈右〉粗削りをした時点で、メノウにドリルで穴をあける作業。

〈下段〉原石を切り落とした後、グラインダーで、次いで細かな砥石で磨き上げ、勾玉の完成。

149

出雲伝統芸能

　第3章では古事記、日本書紀に出てくる神話を各神社の祭事として取り上げたが、ここでは一般庶民が古くから伝わる民族伝統芸能を取り上げた。

　多久神社のささら舞、玖譚神社の田植神事は出雲国風土記、延喜式に出てくる古代から、縣神社の頭練りは約700年前からと云われ、いずれも古い歴史のある民族芸能である。

　一方、吉兆さんと一式飾りは江戸時代に入ってから確立され、地域住民と密接に係わっている。

　最後に出雲神楽はいつ始まったか、いろいろと説がある。が、大切なのは神楽の演目がことごとく記紀に出てくる神話を扱っていることである。この神楽こそ古くから地域住民、氏子、神社が一体になって地域に根付いた民族芸能である。出雲には地域に根付いた神楽団体が社中として無数存在する。ここでも出雲の人々は神楽と共に生き、神話の世界で力強く生きている証である。

ささら舞と大船山（神名備山）

多久神社の沿革を記した手記によると、5世紀中頃、近江国（現滋賀県）松本村より松本一族が大船大名神を乗せて、大波・小波の荒波を乗り越えて多久の里に辿り着いた。その船がやがて岩となって神名備山（現大船山）となったと地元では言い伝えられている。現在は大船山中腹に多久神社がある。多久神社は出雲国風土記に記載される古い神社である。

〈上〉神名備山（現大船山（おおふねさん））
〈下左・右〉拝ささらと云って、刻みを入れた棒を細く割った竹でこすり合わせる楽器と太鼓の音色によって、大ささらで間の音を出しながら、大波小波を演じている。

この船旅の難行苦行を偲んで"ささら舞"が始まり、松本一族7戸と多久和家1戸が世襲として毎年11月3日例祭前夜祭にこのささら舞が奉納される。ささら(簓)は波の音、太鼓は波が岩に砕ける音、頭を左右に傾けるのは船の揺れを表している。昔を偲ぶ哀調を帯びた舞である。
ささら舞は島根県指定無形民俗文化財となっている。
〈上〉大ささらを激しく動きまわして怒涛の波が押し寄せる臨場感を演出している。
〈下〉舞い終わった松本一族9人の人々。

153

田植神事と玖譚神社

毎年5月3日に玖譚神社の例祭には古来より伝わる田植神事と獅子舞が奉納される。

田植の神事は氏子によって執り行われ、古老が田植神歌を唄いながら、代掻きし、杉の葉を苗に見立てて、拝殿一杯に田植のしぐさをする。約200年前から続いていると云う。

〈上〉神事に先立ち、番内を先頭に参列者が笛太鼓を鳴らしながら地域を一周する。

〈左下〉番内が竹の先を割った青竹を激しく地面を叩きつけながら、アクマンバラーイ（悪魔祓い）と大声で叫ぶ。

〈右上・下〉氏子が千鳥掛けをして、酒桶を担ぎ、米びつを抱えながら神社を廻る。

玖譚神社は出雲国風土記にも記載される由緒ある古い神社で、久多美大神が大国主命を補佐した功績で、出雲大社と少なからず縁の深い関係にある。現在でも相互の交流があり、玖譚神社の例祭に出雲大社宮司が参向されると云う。
〈上〉荒起こし、代掻きをする。
〈下〉杉の葉を苗に見立てて田植する。

吉兆神事　島根県指定無形民俗文化財

通称"吉兆さん"は出雲市大社町の華やかな正月行事である。毎年1月3日に"歳徳神（としとくじん）"と標記した高さ10m、幅1mある錦の幟を取り付けた山車を中心に、番内を先頭に鏨（どう）や太鼓を打ち鳴らし、笛を吹きながらパレードする。最初に出雲大社本殿の前で、次いで、北島国造家、千家国造家の前でそれぞれ幟を立てて、吉兆歌を唄う。その後、町内を練り歩く。

〈上〉大土地地区の人々。　〈下左〉番内を先頭に大土地神社を出発。
〈下右〉笛太鼓を鳴らしながら、出雲大社に向かう。

歴史は江戸時代に遡り、最初に「大土地」「仮の宮」「中村」「赤塚」「市場」「越峠」の6地区で始まったが、その後増えて現在15地区となり、賑やかなお祭りとなった。今回は大土地地区に密着して取材した。
〈上左・右〉笛太鼓を鳴らしながら賑やかに行進する。
〈下〉高々と『歳徳大御神』と記した幟を立てる。

〈上〉雪の積もった出雲大社本殿に向かう。
〈下左〉北島家に参拝。　〈下右〉千家家に参拝。

頭練り

頭練り（とうねり）は文治元年（1185年）に出雲国守護が地頭を代参させたのが始まりとも言われて、一種の武者行列でもある。
毎年10月15日出雲市国富町にある縣（あがた）神社の例祭に先立って頭練りが行われる。
頭練りは氏子が"頭家（とうや）"となって担当し、頭代と云って頭家の男児が主役となって馬に乗り、大勢の武士を従えて、鑿や笛を鳴らしながら行進する神事である。
〈上〉馬に跨る頭代。
〈下〉頭家を出発して縣神社まで行進する一種の武者行列。

〈上左・右〉頭家とその家族。
〈下〉武者行列。

160

平田一式飾り　出雲市指定無形民俗文化財

平田一式飾りは寛政年代（1790年頃）に寺町の桔梗屋十兵衛が、茶道具一式で「大黒天」を作り、平田天満宮へ奉納したのが始まりとされている。毎年7月20日から3日間、平田天満宮祭に各町内が競って一式飾りを作り、町内の通りに面した場所に展示して無病息災を祈る。
一式飾りは茶碗、皿、ガラス容器、仏具等の日用の材料をそれぞれ数百個組み合わせて、人形、歌舞伎、白雪姫、神楽に出てくる素戔嗚尊と八岐大蛇……等をモデルにして作り、演出する伝統文化である。最近は東京でも芸術品として展示されることがある。

〈上〉平田一式飾り完成品。この寺町が一式飾りの元祖である。
〈下左・右〉一式飾りを作成中。

〈上左・右〉各商店街ごとに展示した自慢の一式飾り。

御神幸(おたび)

ある時代、平田地方に疫病が蔓延したことがあり、それに因んで以後毎年7月21日には御神幸（おたび）と云って、ご神体を乗せた神輿を曳いて、町内を練り歩きお祓いして無病息災を祈祷するようになった。
〈中左・右〉番内を先頭に町内を練り歩く。
〈下左・右〉子供たちも御神幸に参加。

出雲神楽

出雲神楽は主に9月から11月の稲を収穫した後、神社のお祭りに奉納神楽として行われる。

今回取り上げたのは、出雲市大社町の大土地神楽（国指定民族無形文化遺産）と出雲市斐川町にある土手町神楽（出雲市指定民族無形文化財）の2か所である。

大土地神楽は古くは神主によって舞われていたが、寛政10年（1798年）頃から氏子たちに引継がれて、今日に至ったと云う。約300年以上の歴史を有する。一方、土手町神楽は今から約170年前、弘化3年（1846年）に疫病が流行り、厄払いのため若宮神社を拠点として神楽が発足したと云う。特徴的なのは笛太鼓の音色が他の出雲神楽に比し明るく牧歌的でのどかである。ベートーヴェンの田園交響曲を思い浮かべる。

恵比寿舞（土手町神楽）

美保神社の恵比須様（事代主命）は釣りが大好きでよく鯛釣りに出かけるとの伝説がある。国譲り神話でも使者が来た時も、釣りに出かけていた。

三韓（大土地神楽）

大土地神楽の代表的な演目である。この神楽は、神功皇后（じんぐうこうごう）と、これに仕える竹内宿禰（たけうちのすくね）が、争いに明け暮れる新羅（しらぎ）、百済（くだら）、高麗（こうらい）の三韓を平定にするため海を渡り、新羅王、百済王、高麗王と戦い、平定するまでを描いたものである。

〈左〉大土地荒神社境内に常設した神楽殿。
〈右〉神功皇后（じんぐうこうごう）
〈下〉最初は竹内宿禰と三韓野各王と個別に戦う。

〈上〉神功皇后と竹内宿禰。
〈下〉最後は竹内宿禰が3王と戦って打ち負かす。この時がクライマックスで、舞う人と氏子等の観衆が一体になってもう一丁と叫んで、何度も同じ舞を繰り返す。
(2015.9.24撮影)

三番（土手町神楽）

三番（さんば）は土手町神楽独特のもので、他の社中では見られない演目である。三番は能の三番叟とも異なる。小学生以下の子供3人が主役で鼓の音と掛け声に合わせて踊る独特の舞である。終盤にはヒョットコが出て幼児を抱きかかえて連れ去るユーモラスな踊りである。

167

大蛇（土手町神楽）
一般的には、八岐大蛇と称する演目であるが、社中によって呼び名が変わる。土手町神楽は大蛇と称し、多くの社中と同様に蛇腹式を採用している。近年、石見神楽の影響か、竜が火を噴いたり、煙を出したりするシーンが見られるようになった。
両者を比較しながら掲載した。

〈左上〉楽屋で準備する素戔嗚尊。
〈左下〉酒を飲む大蛇。
〈右上〉大蛇と格闘する素戔嗚尊。
〈右下〉大蛇を仕留めた素戔嗚尊。

169

八戸（大土地神楽）

八岐大蛇退治の演目も、大土地神楽は八戸と称し、龍の衣装も鱗模様のついた布の胴衣をまとっているのが特徴的である。
〈上〉素戔嗚尊。泣きくれる老夫婦（『古事記』では足名椎命・手名椎命）と稲田姫。
〈下〉酒を飲む大蛇。

〈上〉大蛇と格闘する素戔嗚尊。
〈左〉大蛇を仕留めた素戔嗚尊。
〈右〉八戸を最後に挨拶する桐山会長。(2015.10.25　午前3時)

171

あとがき

　会社生活を終え、リタイアした時点から生涯のライフワークとして写真活動に専念しようと心に決めた。その中で描いていたテーマの一つが、"出雲"であった。退職後、最初の10年間は中国雲南省の少数民族の子ども達に魅せられて毎年雲南省に行って写真を撮った。その結果、写真展を数回開催して最後に写真集としてまとめることが出来た。

　いよいよ出雲を取材し撮影する時が来たと思いつつも、最初は何処からどの様に取材したらよいか構想がまとまらなかった。念のため、米子市出身の有名な写真家　植田正治・石塚尊俊著「出雲路旅情」および上田正昭・植田正治著「出雲の神話」等の写真集を参考にするが、現在はデジタル時代である。時代背景が異なり、一億総カメラマン時代である。カメラの性能も一段と向上し、デジカメでも、スマホでも簡単にきれいな画像が得られる時代である。従って、被写体にカメラを向ければ誰でも撮れる日常的な写真は避け、古代が生き返る写真を撮りたかった。何しろ出雲は生まれ故郷である。神話の世界で育ってきたので、独自の表現を追求したい一心である。

　とは言っても、出雲の特徴をどう表現しようか、確たる自信のないまま、2012年（平成24年）8月、出雲市斐川町に出向き、当時の高田支所長に面談したのを皮切りに、雲南市役所、奥出雲町を表敬訪問し協力を要請した。奥出雲町では当時の"神話とたたらの里推進室"の尾方室長がすかさず車で案内し、たたらの跡地をはじめ各地の史跡を廻った。これをきっかけに先ず、奥出雲から取材しようと決め、以前から頭の片隅にあった江戸時代の鉄王国出雲の「たたら製鉄」を取材したいと申し出て、尾方室長の案内で奥出雲の日刀保たたらを訪問し、村下の木原氏にお会いし工場内を案内して頂いた。が、取材ともなると日刀保本部（日本美術刀剣保存協会）の許可を必要とするとのことで、早速東京代々木にある協会本部を訪問し、担当課長と面談した。取材の趣旨として伝統文化を表現し写真展・写真集として広く世間に訴えたい旨を話したところ、良かろうと同意を得ることが出来た。恐らく観光目的とかコンテスト目的

としていたら拒否されたと思う。以後、誠意が通じて、5年間雪深い厳冬下の奥出雲でたたら操業を取材させて頂くことが出来た。改めて、日刀保関係者にお礼と感謝の意を表したい。

　また、神話に纏わる神々の世界を表現するためには神社の祭事を取材することが必須条件と思った。最初に出向いた神社は熊野大社であった。熊野宮司のご許可を得て、鑽火祭を撮影することが出来ると同時に、この祭に参向していた出雲大社の千家宮司に偶然にもお会いしてお話しする機会を得た。元々、実家は出雲大社の氏子であり、父が病床に臥せている折、父に代わって、よく新嘗祭の折にお米を献上するために出雲大社に出向き、参拝した思い出話をしたところ、柔和な慈愛にとんだ親しみ深い言葉をかけて頂いた。これを契機によく出雲大社に取材に出かけた。この頃から、出雲には熊野大社、日御碕神社をはじめ素戔嗚尊を主祭神として祀っている神社が多くあることを知り、出雲神話が今なお神社と氏子が一体となって継承されていることを思い知った。その後は行く先々で各神社の宮司にお会いし、お話を伺いながら順調に取材を進めることができた。お陰で主要な神社で神話に纏わる祭事を取材することが出来た。出雲大社千家宮司をはじめ各神社の宮司の方々に御礼と謝意の念を表す。また、鰐淵寺には幼少の頃よく出かけていたので、佐藤住職にお会いして懐かしい思い出話が出来て感激した。一方で、神々が訪れたと云う船通山とか仏経山等の小高い山々を登り、古代出雲の風景を俯瞰することが出来た。

　取材を思い立った翌年、妻と一緒に出雲に行く予定で航空券も手配してから、突如妻が急死した。一時は途方に暮れ、心にぽっかり穴が開いて放心状態であったが、しばらく経つと、亡き妻のためにもこの仕事を貫徹しなければと云

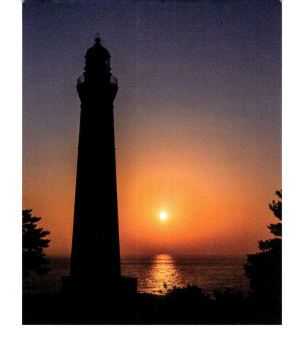

う使命感に駆り立てられた。
　その後、湘南〜出雲をほぼ毎月のようにマイカーで通い始めた。多くの機材等を運ぶには飛行機では限界があり不便であった。晴天もあれば、嵐の日や大雪に見舞われた日もあった。が、事故もなく無事通い続けることが出来た。

　出雲に行くと尊敬する先輩・友人・知人に恵まれ、談笑したり、アドバイスを頂いたり、時にはお酒を酌み交わしながら夜遅くまで語り合ったことが懐かしい。中でも、アタゴ写真館の田中久雄氏、元山陰中央新報文化部の岡部康之氏、荒神谷博物館の平野芳英氏には特にお世話になった。更には大先輩で史家の池橋達雄氏にはいろいろとアドバイスを頂いた。お礼と共に懐かしい思い出を残して頂き深謝する。
　更には、宍道湖シジミ関係者、大社町大土地地区の皆さまをはじめ、取材にご協力頂いた多くの方々に厚く御礼申し上げる次第である。
　最後に写真集を出版するに当たり、今井印刷㈱永見取締役および編集するに当たりデザイナーの岩本氏に深謝する。

2017年（平成29年）10月5日
植田　英夫

〈左下〉出雲平野の築地松と赤く染まる八雲。　〈右上〉東洋一の日御碕灯台に沈む夕日は日本一美しい。

植田英夫 ［うえだ　ひでお］

■ **略歴**

昭和12年　島根県出雲市斐川町生れ
昭和35年　島根大学文理学部卒業
平成９年　富士フイルム退職
現在フォトグラファーとして活動中

■ **著書**

植田英夫写真集「雲南鄽街道」（平成24年２月出版）

悠久の流れ　簸の川 ─神々の国 出雲─

2017年11月3日　初版発行

写真・著 ……………… 植田英夫
発　　売 ……………… 今井出版
印　　刷 ……………… 今井印刷株式会社

不良品（落丁・乱丁）は小社までご連絡ください。送料小社負担にてお取り替えいたします。
本書のコピー、スキャン、デジタル化等の無断複製は、
著作権法上での例外である私的利用を除き禁じられています。
本書を代行業者等の第三者に依頼してスキャンやデジタル化することは、
たとえ個人や家庭内での利用であっても一切認められておりません。
ISBN 978-4-86611-101-8 Printed in Japan